JN439271

천년의 자유

조종명 시집

교음사

서(序)

나의 德行目錄은 처음에는 12가지 밖엔 없었다. 나는 평소에 교만하다고 생각되었으며, 그 교만은 가끔 대화 중에 나타났고 어떤 문제를 토론할 때 그 관점이 옳다는 것만으로 만족하지 않고, 상대를 눌러버리는 無禮를 범했다. 그는 여러 가지 實例를 들어 나를 납득시켰다. 나는 이런 不德이나 어리석음을 改善하려고 결심했다. 그래서 謙遜의 德을 더해 거기에 訓戒를 덧붙였던 것이다.

(德目 13個條 : 節制, 靜肅, 秩序, 決心, 節約, 勤勉, 正直, 公正, 中庸, 淸潔, 沈着, 純潔, 謙遜.) - 벤자민 프랭크린 自敍傳 〈後悔 없는 生涯〉

공자는 '七十而 從心所欲호되 不踰矩호라. 일흔 살에 마음에 하고자 하는 바를 따라도 법도에 넘지 않았다.'라고 하였습니다.

공자는 73세 까지 살았고, 프랑크린은 85세를 살았습니다. 공자가 팔십이 넘도록 살았다면 어떤 말씀을 했을까요? 옛날 우리 先賢들은 공자가 되는 것을 목표로 수양하는 自警箴을 벽에 붙여 놓고 공부하며 살았다 하는데, 18

세기 미국 사람 프랭크린도 같지 않습니까? 동서양을 막론 수양하고 공부하는 법은 같았습니까?

'子曰 詩三百을 一言而蔽之하니 曰思無邪니라. 공자께서 말씀하시기를 詩經 삼백 편의 뜻을 한마디 말로 단정하면 생각에 사특함이 없다는 말이다.'라 하였습니다.
수 많은 평론가의 千言萬辭를 더 말해 무엇하겠습니까?

저는 나이 八耋에 겨우 철이 좀 들 것 같은 識見이 襤褸한 사람입니다.
이제 네 번째 시집을 냅니다. 시 87편, 漢詩 1편, 긴 글 2편을 실었습니다. 해설을 따로 받지 않았습니다. 詩의 班列에 들지 못할 詩들도 많을 것입니다. 독자님들께서 넓으신 헤아림으로 읽어 보아주시기를 원할 뿐입니다.
이 시집이 나오도록 애써 주신 이민호 선생님, 좋은 책 발간해 주신 교음사 강병욱 대표님께 감사드립니다.

2020. 7. 1.
晩樂齋 住人, 月嵐散人 曺鍾明 敬識

| 천 년의 자유 |

· 조종명 시집

· 차례

1. 바람은 나이도 없다고

2. 어디로 가는 길인가

3. 끽다(喫茶) 한 잔

4. 비 오는 날 만락재에서

1

바람은 나이도 없다고

그래그래 나무 관세음

부처님도 속절없이
보조국사의 장중물(掌中物)임을 기뻐하셨으리

낮에는 바랑 안에 주무시고
별이 빛날 때 바위 위에 걸터앉으셔서
칠흑 아니면 희뿌연 밤
목탁 소리 바람 소리 쏘이시고

높이 13.9cm의 감실에 들어가시면
문수 보현보살이 협시하시었다
국사의 등에 업혀
미투리 두어 켤레와 함께 흔들리는
좁은 우주가 삼천세계였다

아마 성인도 업혀 다니고
사람의 손바닥에
화투놀이처럼 노닐길 좋아하셨나 보다
그래그래 나무 관세음 하며

그 사람 어디로 갔을까

금천(琴泉)
소낙비 같은 사람
덕산 돼지국밥집에서 전화가 왔다
막걸리 몇 잔하고는 휙 떠난다

단성 추어탕집에서 전화가 왔다
한 시간을 달려갔더니 소주 몇 잔하고
밥은 싸 가지고 황급히 떠난다

취람이
늘 돈 안 되는 일만 한다고
나무랐는데

지금 대곡면 어느 비알에서
편백 몇 주 심다가
써늘한 식은밥을 먹고 있을까

보고 싶다

단장천 해바라기

밀양 산외면의
막 노을이 연착륙하는
넓고 넓은 축제장

놀랐다
해는 서쪽인데
일제히 동쪽을 보고 있어
아마도
단장천이 동쪽으로 자꾸 가는 것이
다시 떠올 태양보다
애가 타기 때문인가

산외면 천변에서
해바라기의 갈등하는 사랑법을 본다

달은 안 보고

마음일랑 추슬러 담고
내 손가락 끝을 보아라
인지를 따라 만리 밖
찬란한 별 밭을 보아라
그러지 않으려 하지만
노을빛 물든 가리키는 손가락을
놓을 수 없구나
네 손가락 끝에 닿은 달이건 별이건
보려 해도
가리키는 손을 놓을 수 없구나
손가락은 하늘 그 아래 먼 산맥
구만리 장천을 가리키지만
손가락도 아닌
네 영롱히 이슬 젖은
눈동자를 보려 하는구나

대국

몇백 년을 잘살던
낙락한 소나무가 부러졌다
내가 살던 집도 날아가는 걸

그날 밤 뉴스에는
한돌과 대국한 이세돌이
불계승했다

사람이 만든
기계와의 대결
끝없는 전쟁에 이기고 지는

승패를 알 수 없어 바람은 자고
계절을 정리하는
서리가 내린다

동의보감촌에 시화전 열린 날

가을이
필봉산 자락으로 왔다
산청을 연고로 한 시인들이
시화를 걸었다
책갈피에서 외출한 시들이
산자락에 늘어선다
가을이 깊어지면
저 시들은 뉘네 집
따뜻한 구들목에 깃들어
겨울을 날까

오늘은 필봉산 왕산이
프란츠 카프카처럼
큰 장미 송이를 달고
거들먹거리지만

떠 있는 땅

– 증도에서

땅은 하늘 속에 떠 있어서
평화롭다
질펀한 들판 지나고
산은 가다가 쉬다가
옹기종기 바다로 늘어섰다
너무나 긴 세월이
바다와 산맥과
저 태평염전 소금과 적당히 곰삭아
산과 들과 바다와
햇볕과 소금이 이룬
공존하는 세계

뇌룡정(雷龍亭)

누가 용을 묶는가
험난을 극복하려는 마음
처음부터 한결같았다
영겁의 틈새를
일월이 비추고 있다

명경대 앞에 서는 날
조물주가 내게 물으면
우물쭈물했다고 말할까

한 마리 새가 날아간다
빈 하늘에 무늬를 놓는다
누가 호랑이를 잡는가

무섬 마을*

바로 가지 못하면
돌아가야 한다
태어날 때부터 돌아가는 법을
배웠다
밥 짓는 연기는
뒤곁의 감나무를 돌아
대밭 속에 서리어 꿈을 꾼다
살고 죽는 길은 강을 건너왔다가
다시 건너가는 것인가
논도 밭도 건너편에 두고 살았다
세월을 건너 오늘을 찾아온
낯선 손님도 휘돌아 건너네
꿈도 세상살이도 돌아서 가고 오네

*무섬 마을: 경북 영주시 무섬 마을

바람은 나이도 없다고

경주 보덕동에는
덕동호가 있다
널따란 평면 위에
천년의 바람이 물결을 일으킨다

호수로 채워진 고선사 터
탑은 경주 박물관 뒤뜰로 이사 왔고
원효대사는 오신다는 소식 없지만
그때의 그 바람이 이때도 분다
앞산 뒷산 견우 노옹이
수로 부인 위해 꺾었던 진달래는
지금도 핀다

봄눈 진 자리에 꽃이 오듯
다음 계절에 돌아오너라
영화도 질곡도 피었다 진다
흐르는 것이 천도라는데
바람은 나이도 없다고
나에게 귓속말로 이야기하고 지나간다

발목이

-지리산 둘레길에서

그대들과
더불어 길을 걷는다
하늘에서
가쁜 숨을 식혀주는
간간이 떨어지는 빗방울이 고맙다
용유담에서
부실한 발목이
발목을 잡는다
열 명의 소풍을 막는
부끄러움을 어쩌랴

봄날의 해후(邂逅)

정갈한 매화 꽃잎이
뺨을 스쳐
전생으로 날아간다
그때 오시(午時) 종이 운다
산문에 기대서서
누구를 기다리며 서 있던 목련이
한꺼번에 피어서
천 년을 더 살아온
늙은 석탑과 오랜만에 만난 듯
말을 잊고 바라보고만 있다

별을 보려고 고운동(孤雲洞)에 왔다

늦은 가을 음력 칠월 초이레 초저녁
어두워서 왔으니
천애(天涯)에 출렁거리는
고운호를 볼 수 없고
물결 사이로 불어오는 바람길에 피었을
은빛 찬란한 억새꽃도 못 보고
지리산 단풍을 보려거든 고운동으로 가라는
만산홍엽(滿山紅葉)을 자동차 전조등으로
비추어 보려고 온 것도 아니다

여덟 살 때 모깻불 매캐한 평상에 누워서 본
하늘 땅 별나라에 전쟁이 나서
유성이 그리도 많이 빗금을 그으며 날아갔지
스무 살 무렵 법계사 문창대에서
손 보살의 안내를 받아
남극노인성을 처음 보았고

오늘은 꼭 찍어 은하수 삼태성 무슨 별자리를
보려는 것이 아니다
최고운 선생이 천 년 전에 저 별을 보고
점을 쳤을

그 별을 고운동에 오면 볼 수 있으리라고
찾아왔을 뿐

고운동천에 들러 도정씨를 만나
신선차 두어 잔 이야기 한 순배에 달은 기울고
하늘이 탁 트인 숲속 개활지에서
앙천첨성(仰天瞻星)
한기로 조금 떠는 별밭을 보았다
아무 생각도 말도 없이
아주 지근거리에서 별을 보았다
너무도 찬란한 별을 보았다
별밭 속에 있는 작은 별
내가 사는 지구를 보았다

뻘배 한 척의 우주

널빤지는 뻘밭에 있고 바다는 떠났다
아들 손주를 모두 태우고 우주선 타고
날아서 갔다가 돌아온다 석양에서 여명까지
위대한 나의 항해는 우주로 나갔다
바닷물이 한바탕 들랑거릴 때 나도 미끄러져
한없이 기우뚱거리며 살아왔다 해와 별도 태우며
한쪽 발을 펴지 못해 뻘배가 희게 태양 아래 바래져
울타리에 걸려 있는 날 그때 높게 기적 울리며 떠났던
우주선은 먼 항구로 돌아와 쉰다
위대한 나의 항해가 끝나는 날이다

아라 연꽃

눈 감았다 떴다
천년이 금세 지나간다

부처님 뒤에 은밀히 피어 있더니
어느새 칠백 년
날아다니는
바람도 몰랐는데

먼 하늘
깊고 어두운 땅속
한 많은 비밀이

엉엉 울다가
환하게 웃음 웃네

샘물이 솟아나서

물과 바람은 길이 같다
진주 덕산 덕천강
강을 따라 산으로 산으로
연원을 찾아가면
산청군 삼장면 유드리
대원사 천년 푹 삭은 바람이 솔솔
물이 졸졸 내려온다
사람의 성정 심통성정
성리학 도교 불교
대원 계곡 물소리에다
종소리 북소리 목어 우는 소리

바람도 가시덤불 만나면 멈칫한다
큰 소나무 만나면 놀다 간다
물은 큰 바위 휘돌아 나갈 땐
힘들어 쏴쏴 큰 숨 쉰다

올라가면 내려오는 근원
가야가 왕머드리 소막골 지나
망생이골 망바위 거쳐
왕등재에 잠들었다

신라와 백제가 싸우다가 스러졌다

흘러서 남강 되고 낙동강 되고 대양될 줄
천왕봉은 알았다
큰일은 메기춤 같은 샘물이
근원하여 일어난다
마침내 대해가 되고
대천세계가 되느니

어둠을 연다

깊은 생각도 강물에 잠긴다
먼 옛날 그때 횃불 높이 들어
아우성 하늘 닿던 날부터
대지를 갈라 나가는 남강물에
등불을 띄웠다 그 등불 떠 온다

피멍이 너무 깊어서
신열이 나고 불면으로 뒤채다가
달빛이 구름에 떠서 흘러가는
저 서장대 노송나무 가지에
바람이 불다가 불다가 잠들었다

강물도 달도 구름도 바람도
저물고 새고 나이 들어
가는 것을 지키는 창포 무더기 속에
다시 젊은 바람이 와서
등불 띄운다

천 년의 자유

세상을 사는 사람들은
왜 날개가 없을까

오래전에 마산 월영동에 달포를 산 적 있다
그 바다가 서로 닿는 섬에도
고운 선생의 흔적 있으니

지리산 남쪽 청학동 가는 길섶
환학대(喚鶴臺)에서
훠이 하고 학을 불러
천년을 날았다
고운 선생은 아직도 날아다니리라
그러면 그 수(壽) 천년을 넘기니

지금 내가 하는 일은
돝섬 기슭 넘실거리는 바다와
물새 더불어 종일토록 노는 것뿐이라

어찌 천 년의 미소라 하는가

천 년 오천 년
열흘 먹지 못한 사내가
걸어가고 있습니다
해는 지고 눈발이 날립니다
사내는 빙긋 웃습니다
허기진 사람을 좋아하는 도깨비도
싱긋 웃습니다

귀면와라고 합니다
삼국의 미소라고 합니다
세월은 흘러도 굶기는 마찬가지
열흘 굶은 도공이 웃습니다
부처님도 같이 굶으며 웃었습니다
연기 나지 않는 굴뚝도
짜증 난 듯 무심한 듯

찬바람과 같이
훈풍을 마시며
굶어도 천년을 살아왔습니다
만 년을 살아갑니다
추위와 배고픔 속에도

영혼을 흔드는 미소가 있습니다
고통을 관통하는 미소가 있습니다

청량사에 천 년이 살아 있으니

청량사* 가기 전
부음정* 기둥에 잠시 기대선다
믿음을 가지고 술을 마신다는 말은
무슨 뜻일까
바라고 구하는 것 없어서
한가롭고 편한 것이 주인의 마음이었다는데

건너편은 매화산
어둠발 몰려오는 하늘이 좁다
핸드폰의 N을 눌렀다
돌부처님도 석등도 석탑도 보물이다
최고운 선생은 오늘 같은 날
천 년 뒤 찾아올 사람을 혹시 기다리고 계실까
마음이 바빠 달려갔다

청량사는 눈이 내리기 시작하고
우견편단의 얇은 옷을 입은 부처님은 추우신지
석등 화창을 향해 손을 내밀어 쪼이신다
홀연 옆 사람이 추울까 싶어
내 외투를 벗어 씌워주었다
천 년의 만남은 아무나 이루는 것은 아닌 것을

*청량사(淸凉寺): 합천군 가야면 황산리에 있는 고찰
*부음정(孚飮亭): 내암 정인홍의 재사

추억의 등불 흐른다

이제야 알았네
산은 산 물은 물인 줄을*

처음 진주에 와 기차 구경 하던 날
꽥 기적소리에 나자빠지던 날

평거동 버드나무밭 클로버 벌판
구름 그리던 청천 동인회 봄 야유

이젠 사람은 늙고 혹은 죽고
풍경은 변하고
강물만 흐른다

그래도 산은 산 물은 물
흐르는 물결 위에
추억의 등불이 반짝이며 흐르네

*산은 산: 山是山 水是水, 성철스님 법어. 원래 六祖 慧能의 제자 唐나라 青原선사의 말인데, 뒤에 수없이 膾炙되었다.

교두형(翹頭形)*

무슨 말일까
절 이름은 율곡사*
올 때 마다 다른 모습을 본다

천 년 전부터
고쳐 짓기 몇 번인지
기둥 위 공포를 보면
목수가 목침을 잘라
집을 지은 연유를 안다

벽의 그림은 새가 그렸단다
산의 나무들은 저절로 났고
사람들은
무슨 일로 왔다가
무슨 답을 듣고 내려가는지

풍경은 그저 댕그랑

*교두형(翹頭形): 밑면 끝 부위를 둥글게 다듬은 첨차.
*율곡사(栗谷寺): 경남 산청에 있다.
651년 원효대사가 초창했다 한다.

2

어디로 가는 길인가

가을의 논어 읽기

가을이 깊어진다고 사람들은 말한다
두툼한 점퍼를 입고
밤길을 나섰다
겹겹이 쌓인 처량한 한기가
두꺼운 외투를 파고든다

팔십 년을 살면서 얻은 것이 무엇인가
야학을 다니며
논어를 겨우 네 번째 읽는다
읽을수록 어려워 진전이 없지만
주름진 얼굴이 가을하늘처럼 개인다

실 같은 줄을 타고 내리는 가을비가
곧 겨울이 올 것이라며 추적거린다
가을이 깊을수록
옛 어른을 생각하면
나의 무지가 심해보다 깊구나

개인 달

밤이 깊어 갈수록
새벽이 가까워 오고 있다
물이 쉬지 않고 흐르면
마침내 바다에 이른다
비 개고 바람 자면
밝은 달 아래 광명이 온다
밭에 나가 씨를 뿌리는 뜻은
가득하게 익어 돌아오는
수확을 얻기 위해서다

다 안다
알면서 우물쭈물한다
하늘에 밝은 달이 둥실 떠서
온 천하를 비추는데

곧 만날 수 있으랴

—以西, 愚松 그 逢別記

저 산하(山河)의 끝에 낙조(落照)가 지는구나,
참 아름답네.

고교 3년 때 「綠色의 地標」를 셋이서 낸 적이 있지.
한 사람은 육이오전쟁 피난 때 단성(丹城)에서 만났고,
한 사람은 학창시절 봉곡동(鳳谷洞) 이웃에 살았었지.
모두 청천(菁川)에서 시詩와 놀았어.
그 후로 우송(愚松)은 공무원이 되고,
이서(以西)는 선생님이 되고,
나는 어중재비로 그럭저럭 살았지.

일흔이 되었을 때.
나는 두 번째 시집 『긴 길에서 만난다』를 내고,
아이들이 고희(古稀)라고 잔치를 해주었지.
그때 셋이 찍은 사진이 있어 바탕화면에 내어놓고 늘 본다.
그리워서.

종심소욕불유구(從心所欲不踰矩』)라 한 공자님 말씀에 귀가 뚫려
겨우 철이 들 무렵,
자네들은 영영 떠났어.
회자정리 거자필반(會者定離 去者必返)이라고 하신

부처님 말씀은…
허 허.

나만 남았네,
무얼 기억했다가 골목 하나 돌면 잊어버리는 사람으로.
나도 나를 통 믿을 수 없네.
배를 타고 저승의 강을 건너면 버드나무가
몇 그루 있고 어느 마을로 들어서,
보고 싶은 사람 만나 얼싸안고 환희의 눈물
흘릴 수 있으려나?

나도 산비탈 한 줌 흙이 되고 나면,
혼(魂)은 날아가고 백(魄)은 흩어져
땅이나 하늘 어느 곳에 깃들일지.
제망매가(祭亡妹歌)를 애타게 불렀던
월명사(月明師)는 누이를 만났을까?
도 닦아 미타찰(彌陀刹)에 가서 만났을까?

아, 아무것도 기약할 수 없구나

고향집

포화가 하늘 가리고
우레가 땅을 흔드는 날
내가 사라져도 편안한 곳

그리운 어른들을 초혼해 모시자
만 리를 몸과 정신이 떠돌다
돌아와 쉴 수 있는 행복한 곳

먼 먼 할아버지 할머니
아버지 어머니 누이동생
떠난 분들 모두 계시네
조령이 명명(冥冥) 중에 음우(陰佑)하시니
호호유유(浩浩悠悠)하다 천지간에 들창을 활짝 열어라

내 몸이 스러져도 혼이 깃들 곳
병산(屛山)에서 의방산(義方山) 사이
저녁마다 노을이 무지개다리 놓으면
그 사이로 열린 창공엔 새들이 날아다닌다

훠이 훠이 날아가는 새를 따라
일 년 이 년 흐르는 시냇가에
세월이 머물러 있다

길이 어찌 멀고 아득하다 할 것인가

바른길은
바뀌지도 변하지도 않는다
하늘땅을 두루 통해 틈이 없다

더러는 아득할 때가 있다
낯설고 어두워
큰 바위가 막혀
나아갈 수 없을 때도 있다

아버지가 엄하게 명령하셨다
죽을 사람 명부에 애비 이름 쓰라고
자식은 차마 쓰지 못했다
아버지는 부자의 인연을 끊었다
천륜보다 더 중한 길이 있었던가

길은
자욱한 안개를 헤쳐 환하게 나 있거늘
별들도 제 길을 알고 가거늘
바람 따라가는 무위의 구름이
눈이 되고 비가 되거늘

눈이 오는 날의

처음에는 녹아 사라지다가
자꾸 날려 내려서
땅을 하얗게 덮고
마침내 천지를 덮느니
그렇게 쌓여서 마침내 오늘이 되느니

잘못한 일들이
남루의 역사가
거짓으로 덮고
우물쭈물 분간하지 못한 일이
못 본 체하고 지난 일이
모두 돌아와 상처가 되는
아무것도 보이지 않으면서
더욱 선명한

잘못했다고 땅을 쳐도
점점 눈은 쌓이고
점점 역사는 날아오고
폭설 속에도 덮이지 않고
언제까지 한없이 쌓여서 살아나고

달력을 걸며

달력 한 장이 차가운 섣달에 걸려 있다
해가 바뀐다고
새 달력이 온다
오는 것과 가는 것으로
떠가는 뱃전에 하루를 새긴다

꽃으로 만든 달력이 왔다
어차피 갈 것이라면
꽃처럼 피었다 지자고

찬 서리 맞으며 국화가 핀다
은자가 때를 만나
고독한 바람을 다스린다

달집 타는 날

어데 활활 타는 것이
솔가지뿐이겠는가
톡톡 튀는 것이
대나무뿐이겠는가
아득한 궁륭과 소통할 길이
따로 없어서
내 지난날을 모두 적어
하늘로 올린다
나와 가족 이웃들
지난 일이 후회뿐이니
이제라도 철이 들어
철들어 살길 바랄 뿐
거센 불길 타고 나면 연기되어 날아
흔적 없이 구천으로 사라질 것을

대원(大源)을 찾아서

\- 대원사 계곡에서

굽어 돌아 시원한 길
졸졸 물소리 따라
시원(始源)을 찾는 날
솔성(率性)의 푸르름
탄생을 울음 울었던 곳

물소리 사이로 바람 소리
또 시리게 푸른 하늘
오르다가 지친 소나무는
일주문 앞에 서 있고

굽이쳐 길을 내는 물을 보지만
아득하다 근원
찾을 수 없네

만남과 헤어짐 그사이

만남과 헤어짐
그 사이에 언어가 있다.
만날 때는 꽃이 피기 시작했고
헤어지고 나서
홀연히 비가 내렸다
무슨 말을 할 사이도 없이
만나고 헤어졌다

홀연히 꽃은 지고
환희는 사라지고
추적추적 찬비가 내리는 날
한마디 말할 사이도 없이
만남과 헤어짐은
손바닥 뒤집는 것 같아
해설할 언어를 알지 못했다

순간은 지나가고
오랜 이별 뒤에
홀연한 만남은 바람처럼 나타난다
다시 비가 내리지만
또다시 태양이 빛나는

만나고 헤어지고
해후하는 세상의 언어가 있다

독대(獨對)

그와 딱 둘이 앉으면
나는 말을 잊는다.
하고 싶은 말이 많았는데

우리 사이로 구름이 지나간다
습기가 퍼진다
왠지 입은 마른다
젖어도 마르는 입
가까우면 멀어지는 거리

너는 바위
나는 떨고 있는 한 포기 풀의 잎
무거운 고독을 마주한다

멍에를 지고 간다

먼 길을 가면
누구나 다리 아프고
허리 아프다
간혹 바람 한줄기 지나간다

생명을 징검다리 삼아
영겁을 건너뛰는 사람도 있다
오늘같이 무더운 날
부채 하나로 더위를 흔들다 보면
행복하게 시원한 밤이 온다

활기차게 생활하는 사람은
그를 괴롭히는 장애를 탓하지 않는다
돌밭을 가는 부룩데기처럼
갈아 나간다

산하의 어느 곳을 가다가
깨끗이 김맨 과수원이나
단정히 갈아 놓은 밭뙈기 본다
그 주인은 누구일까 생각하며

모래알 탄생

지난밤 꿈속에서 경포 해수욕장 흰 모래밭을 걸었다
우주에서 지구는 모래알 비유도 안 된다는데
지구에서 나는 무엇일까
스무 몇 살 때 떠돌이 관상쟁이가
여든세 살이 정명이라 해서 느긋했는데
그 세월 어디로 다 보내고
이제 삼 년 남았네

김환기의 우주가 백삼십이 억
서울 대원위 대감이 김흥근에게서 빼앗은
석파정 값은 얼마나 될까
위대한 시인 두공부 이태백 에즈라 파운드
신자하 정명옹의 시는 만금의 가치가 있어서
세월 혹은 우주를 사고도 남을까

우주를 창조한 수화 화백은 충만한 공중에 환칠을 하고
종횡으로 떠다닐까
내가 시인이면 몇만 명 분의 일의 반열에 줄을
채우기나 하면
우주에 모래알의 비유도 안 되는 텅 빈
이러다 짚불처럼 사그러질 나 같은 사람의 한평생은

미운 사람

자네가 밉지만 만나고 싶네
내가 하고 싶은 복심이
떠서 청국장이 되었느니
아마도 눈으로 말할 수 있을 거야
눈빛으로 화두를 틀지 못하면
어쩌나
만나기가 무서워
그렇지만 애증 다 털고
홀가분하게 떠나도록 도와주게

바르게 살아가려고

맑고 투명한 것은
원래 이런 것이라고
하늘이 푸르고 푸릅니다
그런데 바람은
왜 이렇게 부는가
물이 맑고 맑은데
물결은 출렁여 그치지 않는다
거리낌 없는 하늘도
얼룩 하나 범할 수 없는 강물도
때로는 몸부림치며 비워내는 것인가
하늘도 강물도
바르게 올바르게 살려고 때로는
아프게 제 몸을 때리는가

밤꽃 필 무렵

돌아서 가자
꽃은 너무 많이 피었다
돌아설 때
그때는
아무 말없이 가자
꽃은 다 지고
눈처럼 지고
다 녹아 흔적 없이
지는 꽃처럼
녹는 눈처럼
떠나는 것이지

별

하늘은 한 점
티끌도 없는 줄 알았다

아직도 숨은 별이
하나씩 나타나는 것을 보면
저렇게 맑은 하늘도
감추고 싶은
비밀이 있어서일까

하늘엔 별도 많다
그들이 떴다가 진다
아무 부끄러움 없이
내일 밤에 다시
찬란하게 빛나기 위해서이겠지

사립문을 바라본다

먼 사람이 이맘때쯤
사립문 밀고 들어설 것 같다
마당가의 개가 짖고
국화꽃
노랗게 피었으니

내가 공부를 하는 것은
친구 만나면
넌 여태 무엇했냐고 나무랄까 봐서이다
내가 살아온 일이 부끄러워서
이 찬란한 가을 별밭 아래 후일을 준비해야지

지금부터 망연해지면
안되지
서리 내리면
국화는 가을의 한가운데서
더욱 노랗게 빛을 더할 것이니

산수(傘壽) 나이에 맹자는

실없는 사람이
툭 던진다

맹자는 뭐하러 배우냐

해가 넘어가고
저녁밥 먹은 별들이 떨고 있는

어두운 밤길에 찾아가는
맹자의 길이
내가 마지막으로 가는
길이었으면 해서라네

숨쉬기

어머니 배 속부터 캄캄한 땅속까지
이 노동을 그칠 수 없다

깊은 곳까지 바람을 밀어 넣는다
발끝 모세혈관이 사막과 만나는 곳
바다와 만나는 대륙의 끝
사나운 폭풍이 일어나는 곳

아주 은밀한 곳이 떤다
솜털이 떨리면서
오물을 토한다

잔재가 쌓여 있는 곳
어둡고 부끄러운 삼투가 오르내린다
나의 팔십 년 그 분초를 되새긴다

발끝까지 불어넣은 바람이 순환하는
밤낮없는 숙명

소설(小雪) 무렵 밤

맹헌이 산수(傘壽)를 맞는다
내가 할 일은 그를 위해
율시(律詩) 한 수 짓는 일
초지(草紙)를 펴고 시상을 불러들이는데
늙은이가 몇 개 남은 고동시
꼭지를 돌리라 한다

아트라스 콥코*는
스마트폰 나사를 돌리는
드라이버를 제조하는 회사다
경회루(慶會樓)는 목수가 자귀로 쪼아 지었다
우리 내외 사업은 팔순에
곶감 깎는 일이 제일 사업이다

그대 팔질(八耋)에 내 시 한 수가
무에 그리 중요하랴
그대 위한 축시보다
감 깎는 조력이 중요한 걸

마당에 내려서니
깊은 밤을

서풍에 불려오는 눈발 날린다
살려 애써야 한다*

*아트라스 콥코: 스웨덴의 146년 된 제조사.
*살려 애써야 한다: '뽈 발레리' '해변의 묘지'

시왕도(十王圖)

죄짓지 않고 살다가 죽으면
극락세계로 간단다
살아서
다니는 길도 못 찾아
구불구불 다니던 사람이
지옥으로 들어가면 얼마나 괴로울까
열 구비 마다 불리어 나가
임금님 앞에 재판을 받아야 한단다

바르게 살아서
자유롭고 당당한 영혼 있을까
얼마나 착해야 서방정토로 갈까
살아서 제길 찾기 어려워
힘들게 살다가
죽어서도 평화롭지 못하면
이 일을 어이 할꼬

아내의 정년

나의 봄날엔
막대기로 두드려 쫓을
비둘기가 없습니다
호미로 쪼아
두 알 세 알
대지의 품에 갈무리하면
아들 딸 손주 자라듯
주렁주렁 열렸던
살찐 콩밭은 이제 없습니다
고개를 숙이고 산비알에 일어나서
우리 할아버지 제사상에 오르던 고사리는
마침내 허리를 펴고
온 산을 덮을 것입니다
날랜 손발은 구름 빠져나간 빈 들판
공허한 산이 어둑어둑 저물어 옵니다

암호

차마 잊을 수 없어서
꼬깃꼬깃
가장 깊은 곳에 간직했는데

달빛 밝은 밤 그 은밀한 장막이
삭아서 나타나 버린 걸

수북이 쌓인
암호를
풀다가
풀다가 말일을

어디로 가는 길인가

문득 생각난다
이별이란 만남이란
같은 말이라고

비 오는 날
꿈지럭거리는 지렁이
목적지는 너무 멀다

이 마을 이곳이 내가 사는 집이란다

지리산은 곤어(鯤魚)와 같다
깊은 침묵 속에
만년을 엎드려 있다
산 높고 골 깊다

한줄기 시냇물 뒤에 마을이 있다
디내 후천(後川)
집 뒤에는 청당(靑簹) 옆에는 청간(淸澗)
장동감 단성감 나무는 6·25전쟁 때
불타서 병들어 죽었다
꾸리감 한 나무만 병든 채 살고 있다

선조가 터를 잡아 10대
부불백석(富不百石) 세불통정(勢不通政)으로 삼백 년
역사를 증빙할 기념비는
구름 속에 세웠다

봄에는 매화 가을엔 국화
여름엔 새와 매미 겨울엔 바알간 홍시
사는 일은 늘 힘들었다
집 앞에 구름처럼 선 은행나무

불탄 자리에 집 짓고
전쟁이 불 지른 자리에 집 짓고
구름 바람 눈 비 어울려
문질빈빈(文質彬彬)
다시 천년을 살고 지고

입덕문(入德門)

산과 강 사이
제비가 날아가면서
물결을 찰 즈음에 다락이 있다

그대여
덕산(德山)으로 가려면
이 관문(關門)을 거쳐야 한다

덕으로 들어가는 문이 있다
꿈속을 벗어나
신명(神明)의 당중(堂中)으로 들어가려면
거쳐야하는 문호(門戶)가 있다

침실로 돌아온 가을

문득 잠 속으로 지난해 떠난 사람이 돌아왔다
와락 쓸쓸함 반가움이 하늘 안고 돈다
올가을부터는 외로움과 동행하기로 했다
그 무덥던 여름날 무얼해야지 했던 것도 돌아와
후회의 늪으로 나를 이끌어
바싹 마른 밤을 홑이불 한 장으로 감싼다

지리산

1)
나는 지금 떠난다
다시 오지 않을 역사를 찾아서
다시는 못 만날 사람을 찾아서

조국을 만날 수 있을까
지리산을 만날 수 있을까
아버지를 만날 수 있을까

조곤조곤 냇물이 흐른다
비어 있는 가슴을 향하여
태초가 샘 솟아나는 근원을 찾아서
만나 보지도 못한 대양을 찾아서
회한에 찬 슬픈 눈빛으로 뒤돌아보면서

2)
길게 드러누워 편하게
깊은 잠에 들어가 있었다
가만히 들여다보는 사람이 있었다
열반처럼 편한 사람
행위는 생각 다음에 일어난다

꿈을 읽는다
삼생(三生)까지 다 읽는다
산이나 강이나 하늘은 다 알고 있었다
아는 사람도 있었다

걸어 다녔던 사람
산허리로 구름을 타고 다녔던 사람
잠든 사람은 눈이 없었다
그래서 평화로웠구나
그래서 깊이 잠들었구나
얼굴은 간직하고 있지만 눈이 없다
까마귀가 파먹고
눈 없는 눈이 멍하니 옛날을 돌아본다

그리고 걸었다
해변에 부서지는 파도처럼
빠르게 느리게
혹은 좀 다른 민요조로 반복하며
세월에 감싸이며 걸었다
소슬바람이 불거나 눈보라가 치거나
길게 드러누운 산맥은 자고 있었다
아무도 모르게 꿈꾸고 있었다

3)

장기항령(場基項嶺)*에 눈이 내린다
도둑놈 잔치 뻔덕*에 비가 내린다
죽창이 번득인다
총칼이 절걱거린다
비명소리는 골을 울린다
사람이 사람을 학살한다

잠든 사람 위로 바람이 지나간다
운무가 다독거린다
꽃이 핀다
바람이 분다
아는 사람 없다
자유 평화는 사람이 하는 말
잔인한 저주도 사람이 하는 일

4)

구름이 오간다
낙엽이 진다
봄 여름 가을 겨울 세월이 간다
세월의 무덤이 크고 작은 산이 되었다
산이 대지 위에 일어선다

다시 비가 온다

깃발이 펄럭이던 많은 날
패잔한 많은 일
산허리 등성이에 꽃이 핀다
사라진 전설은 꽃으로 남지만
아무도 그런 일은 기억하지 못한다

지리산은 늘 흰눈이 덮인다
다 덮고 쌓인다
바람에 날리어 쌓인다
전설이 눈이 되어 쌓인다

파도가 밀리어 해안선을 밀어 올린다
산맥이 일어서서 용트림한다

길고 긴 바람아 잠들어라
바다여 한을 삭이고 안식하라

*장기항령場基項嶺 : 지리산 장터목.
*도둑놈 잔치 뻰덕 : 지리산 장당골의 한 버덩.

파제일(罷祭日)

잠에서 깨니 벌써
해는 서산을 내려오고 있습니다
감잎은 감잎으로
장미꽃은 장미꽃으로
태양이 뜰로 내려오기를 기다리며
영롱히 이슬 머금고 있습니다

아 저 윤나는
잎이며 꽃이며
어느 날 고개를 꼬며
날갯죽지 풀리어 떨어지는 날
있을지 어찌 알겠습니까

어머니의 인자한 모습에
마음만 아니라 몸도 상하신 것을
몰랐던 불효
천지간에 외롭고 슬픈 불효

저도 늙었습니다
번들거리는 오월 신록 앞에 서서
어머니 뵈올 날을
손꼽고 있습니다

편지

목련이 진다
지는 꽃잎에 편지 써서
보내고 싶다

그대 있는 곳에도
꽃이 피냐고
나는 그저 숨 쉬고 있다고
머지않아 만날 것이라고

쓰고 싶은데

하늘을 바라볼 수 없구나

죽는 것이 무서웠던가
불효자는 아버지를 찾지 못했다
풍문을 더듬어
종조부님이 찾아가셨다가
초췌한 모습으로 돌아오셨다
나는 열 살 어머니는 설흔 살
억수 비는 며칠을 내렸다
천지는 개벽하지도 않았고 별은 다시 빛나기만 했다

선산 발치에 초혼해서 모셨다
백일홍을 발갛게 심고
아버지가 안 계신 산소에 절을 올렸다
아버지가 심은 나무가 산에서 자라듯
품고 지니셨던 넋은
불초자 가슴속 밖에는 의지할 곳이 없구나

어떤 분이 만나서 말씀하기를
돌아가자 가면 죽는다
대답하시기를 돌아가 저분들의 부형을
무슨 낯으로 보리오 이 말씀뿐이었단다

세월은 한없이 가고
아버지는 마음속에 살아 계신다
이념도 조국도 아니었다
뜨거운 핏줄도 아니다
눈물과 심화로 병든 어머니도 가셨다

청년 아버지를 위한 묘비명은
백발 된 불초자가 세운다
그 어른의 생애는
비바람 구름을 증거 하여 비를 세운다
뜨거운 눈물로 비를 세운다
감히 하늘을 쳐다보지 못하겠구나

하늘 위에 하늘이 있다

하늘 위에 하늘이 있다
그리움 너머 그리움 있다
다 비우고도 서러웠다
허무한 하늘 그 위에
새를 날려 보내고
미구에 돌아오기를 기다렸다
날아간 새는
바다를 차고
뒤뚱거리는 우주를 차고
하늘 밖으로 솟아 날아갔다
노을에 반사하는
바다에 취한 먼 하늘로 날아갔다
다시 오기를 기다리는
하늘 위에 하늘이 있다
그리움 너머 그리움 있다

3

끽다(喫茶) 한 잔

각광

오늘 하루의 일을 마친
태양이 잠자러 간다
서산에 지는
저 아름다운 일몰
할 일을 다하고 가는
뒷모습을 비추는
눈부신 각광(脚光)을 받으며
스스로 발하는 거신광(擧身光)을
엽전 선비가
멍하니 바라본다

관설(觀雪)

부드럽게 날아오는 것 보고
누구를 상처 줄 생각 없이
따뜻하리라고만 알았다
성냥팔이 소녀가
편안한 얼굴로 떠난 섣달 그믐밤에

눈이 오지 않는 세한(歲寒)을 지나면서
먼 설산을 바라보면
포근한 이불 같아
솜털도 천근이면 일을 저지르는 것 모르고
그저 부드러운 줄만 알았다

그릇의 추억

신등면 장천리에 가면
깨끗이 지워진 비탈에 신작로가 나 있는데
분청사기 가마터란다
경주시 화곡리는
아득한 신라의 왕립 요업 단지였단다

시커멓게 탄 흙덩이가 어쩌다
풀밭 고랑에 버려져 누워 있지 않으면
홰장작 불에서 펄펄 굽혀 태어난
난산(難産)의 가마터임을 뉘 알겠는가

우리나라 곳곳에 점터라 불리는 마을이 있다
사람 있고부터 그릇은 있었으니
아무렇게나 흩어진 조각들을 보면
만든 사람이 눈앞에 선연하다
만든 사람과 사용하던 사람이
저 그릇과 함께 살다가 죽었다
내가 지금 추억하며 살다가 죽을 것과 같이

끽다(喫茶) 한 잔

지나다가 찻집에 들어간다
전망이 기막히게 좋다
목구멍으로 넘어가는 물결
고래처럼 큰 바닷물을 마신다
스페인 사라사테의 바이올린 선율
안달루시아의 로맨스가
오관에 젖는다
찻잔에서 일어나는 흰 구름이
하늘 높이 날아오른다
먼 나라의 어느 평원 분위기로
바다를 좁은 배 속에 갈무리하였으니
분위기 좋은 찻집에서부터
일어나 나의 길을 가야 한다
때죽나무꽃 핀 길
바람결이 향그럽다

노동지(老冬至)

밤도 늙습니다
늙어서 죽어도
소생합니다
춘하추동春夏秋冬을 돌고
생장수렴(生長收斂)을 거쳐
길었다 짧았다
살아 있습니다

누가 시골이 한가롭다 하는가

영감은
마른 들깻단을 안아 나른다
할멈은
빈 작대기를 들고 두드린다
작대기 끝에 구름 한 조각
붉은 감 한 알
검은 콩 두어 알
깃발 같다가 북채 같다가
차라투스트라처럼
카라얀처럼
망우당 지휘봉처럼
적송자 산가지처럼
춘하추동을 흔든다
한세상이 평정된다

대성산 단애

– 정취암에서

　대성산 절처(絶處)
바람만 건듯 지나가는 낭떠러지
도를 모르면 마지막
떨어질 수밖에 없다
풍경소리 뒤곁을 돌아 올라서
저기 바라보이는 곳이
두고 온 고향이라
저녁연기 오르는 향수를
어이하랴
동해에서 빛 한줄기 따라오신
의상대사가 세웠느니라
청취관음보살을 모셨느니라
풍경 소리 바람 소리
들리지 않는다
오직 죽느냐 사느냐 뿐이다

마당 가에서 진객의 이야기 듣는다

간혹 쌀겨나 밥찌꺼기를
꽃나무 밑에 버린다
나로서는 하찮은 쓰레기
이로 인해 찾아오는 손님이 있다
참새들이 오고
몸이 잿빛 나는 새들과
푸른빛 도는 새들이 온다
그들의 이름도 모르고
이야기를 알아들을 수 없지만
아마도 어느 골짜기의 전설과
하늘나라 이야기로
범상한 일은 아닐 테지
그들 세상 소식이
우리 세상 이야기 보다 듣기 좋아
탈속한 영롱한 목소리가
심금과 통한다
쌀겨나 밥찌꺼기로
딴 세상 이야기 듣는다

막다른 길에 길이 있다

산에도 길이 있다
지나온 길이 돌아 보이고
갈 길이 희미하게 보인다
가다가 머뭇거린다
가시 난 엄나무가 있고 미끈한 측백도 있다
하던 일을 멈추고 갈 길을 본다
오늘은 고사리 꺾으러 왔는데
시간은 자꾸 지나가고
지금은 없다
등에 업힌 보따리가 점점 무거워 올 뿐
막다른 길은 어디로 가서
무엇으로 나타날 것인지

바깥엔 봄비가 온다

이만치 왔으면
느긋해야 하는데
체력의 틈을 비집고 들어오는 미세한 안개
몸은 점점 느리고
마음은 초조하다

저녁 식후에 할 일이
밀려오다가 스르르
눈이 감긴다
겨울이 짧아지고
불시에 찾아오는 봄기운처럼

이런 시간이
느긋한 것인가
초조한 것인가
계절은 아직 추워야 할 때
길 잃은 봄비가 내리고 있다

바닷가에 가고 싶어

바닷가에서
돛 달고 오는 먼 소식은
종잡을 수 없어

산과 바다
안개와 노을
우레와 별
그 사이에 들리는 풍문

양양한 바다와 하늘
오늘 파도가 밀고 오는 소식
듣고 싶다 산속 깊은 곳에 살아
산중 이야기만 듣다가

발

발을 들여다본다
가늘고 고귀한 실을 꼬아
현을 만들어
둥근 원을
도도한 강물을
지고한 악기에서 울리는
물결을

굽은 발가락
발톱도 망가진
저걸 발이라고
닳고 비뚤어진
저걸 발이라고

긴 세월 흙에 비비어
다 닳아
금방 아양곡*이 넘실거려도
내 알아듣지도 못했네

*아양곡(峨洋曲): 옛날 백아(伯牙)가 탓다고 하는 악곡(樂曲)

밥상

아내가 지은 몽근 저녁밥 먹는다

할아버지의 밥상은 아침진지만 이밥이고
점심 저녁은 국밥이었다
세끼를 흰밥 해 먹는 법 아니라고

어머니 할머니 증조할머니는
밤낮으로 묵방에 잉앗줄 걸고 바디를 탕탕 쳤다
황혼녘에 흰 살짝 눈처럼 날리면서 내려오셨으니
허기를 어떻게 달래셨을까
금지옥엽 손주는 구수한 이밥을 밥물로 찐
강된장 국과 버무려 먹이셨다

해 넘어가고 온 가족
마루에 둘러앉아 멀건 콩나물 국밥을
개밥별 함께 먹을 때
달도 별도 목구멍으로 넘어 갔다

오늘따라 아내가 지은
추청벼 하얀 쌀밥이
달덩이처럼 상긋하다

백 리를 따라간다고

내가 가야 할 길은 천 리
비 온 뒤의 하늘은 어둡고
나뭇잎은 제 몸에 겨워 흔들리는 오후

만락재 앞에 드러누워 내 발길 기다리는 백리향
척박한 뜰 가에 너무 가냘픈 꽃 피었다
찾아온 친구는 작은 나비 몇 마리

밟히면 향내를 토하고
백 리를 따라가며 울어야 하는 슬픈 숙명
아픈 향기를 간직하고
네 체취를 터득해 쓸쓸히
구백 리를 가야겠구나

별도 많다

밤머리재 고갯길은
한이 너무 많아 모퉁이로 구불구불 굽었다
몇 굽이인지 실없이 헤아려 보았다
백을 넘다가 아흔 예닐곱이 되기도 한다
그만하고 아흔아홉 굽이라고 부르자

재 먼당에서 보면
아 별도 많다
내야 미련은 다 삭았고
그저 사는 대로 살다가 죽을 것이지만
한을 품어 안고 살다가 죽는
저 별이 더 안쓰럽다

뿌연 날 누런 날

목련 꽃이 담장 위로
웃으며 솟아 나오는 날
온통 하늘이 뿌옇다
쌍둥이 손녀 은진이 은빈이가
세상에 온 지 여덟 달
창밖으론 월아산이 없네
숨을 쉬어야 세상을 살지

정치가 경제가 중앙시장이
누런 미세먼지에 덮인 날
진이 빈이의 할아버지는
누런 객담을 삼키며
눈을 찌푸려 하늘을 노려본다

사는 것 죽는 것

공중을 날아가는 새들을 본다

아주 가까이로
고무신 콧등을 기는
작은 벌레를 본다
일렁 흔드는 바람에 멈칫하다가
다시 기어간다
내가 걸어 다님으로
얼마나 많은 생명이 죽었을까

참새와 까치가 무언가를 쪼고 있다
나도 모르는 사이에 죽인 생명 들을
어떻게 조문하면
하늘 아래 같이 사는
죄를 사할까

며칠 전에 심은 콩이
푸르게 땅을 덮고 있다

사월이 다 가는 어느 날

이제 나는
나의 숲으로 들어가련다

보여주고 싶고
자랑하고 싶고
이해해주기를 기다리던 마음
싹 쓸어 없애고
나 혼자의 숲으로 들어가련다

아무도 초대하지 않고
누구의 간섭도 없는
어머니의
만겹을 쉬게 하는 사랑의 자장가와
구름 속에 조잘거리는 개똥지빠귀의
아름다운 노래만 데리고
푹 삭은 오랜 숲속으로 가련다

수습(收拾)하기

나약하고 게을러서
제거하지 못한 잡초를 보고
내내 찝찝했다
맑은 가을 하늘 속에
구름처럼 헝클어진 잡초를 헤치며 나가다가
밤보다 더 명랑한 미역취꽃 무더기가
밤톨을 꼭꼭 숨기고 있는 덩굴 밭
풀을 베지 못한 죄로
농협 밤 매상이 끝나서야
한가로이 낱밤을 주우며
게을러 때를 놓친 것도 어쩌면 좀 괜찮구나
하고 생각한다

순두부백반을 기다리며

고속도로 휴게소
긴 여행이 배고파
순두부백반을 시켜놓고
차례를 기다린다
먼 하늘이
유리창에 굴절되어 저문다
조용히
번호표가 나를 바라본다

신김치

김치가 늙으면 쉰다
신김치를 먹을 수 없으면
겉절이나 먹어야지
김치냉장고가 고장 나서
김치 젓갈 된장까지 버리면
우리 할머니를 버리는 것 같다

팔십 나이에도
젓가락이 잘 가는 것과
가지 않는 음식이 있으니

1950년 겨울 피란 시절
어쩌다 얻어먹은 김치는 시고 짠
맛의 가치가 아니었다
총알이 날아 하늘은 축제
아버지는 안 계신 찬 별밭 아래서
할아버지 할머니 어머니 누나 동생들과
꽁꽁 언 손으로
살아서 먹는
맛있고 슬픈 축제였다

어느 날

신문을 펼친다
선 굵고 손 큰 사람들이
제호 아래
판을 채운다
뒤적뒤적 그 큰 지면을 넘기다가
맨 뒷장을 덮고
일어섰다
삼간집을 떠가는
벌레 우는 소리
이 시골에 산다는 것이 복에 겹다
비 오고 좀 쌀쌀하다
지는 해가 구름 틈으로 붉다

올밤나무에 비 내리다

가을장마가 우수수 나뭇잎을 텁니다
밤나무밭의 역사는
사는 것과 죽는 일
그 한 가지로 꿰었습니다
멧돼지가 까먹고 껍질만 널브러진 나무 밑
남은 밤을 주우며
익는 것을 생각합니다
익은 것은 고개를 숙입니다
농익으면 땅에 떨어질 것입니다

하늘이 보이지 않는 날은
참으로 자유롭습니다
가을장마도 끝이 있을 터이니
청명한 날을 생각합니다
노을이 빛나는 날
나는 고개를 푹 숙이고
오는 것을 그대로 맞이할 것입니다

아직도 내리는 비를 맞으며
올밤을 줍습니다
늦밤까지의 수확이 얼마가 걸릴지

가늠해 보며
남은 내 인생도 주워 담습니다
쾌청한 날을 기다리면서

응급 수혈

1.000리터 물통에 생명수를 싣고
밤낮으로 펄펄 끓는 대지에 수혈을 한다

뜨거운 열기에 땅이 탄다
콩 고추
한초(旱草)라는 참깨도
감나무도 시들어 간다

경운기에 기껏 1.000리터 혈액을 싣고
태양을 겨눈다
마지막 항거다

일출

산이 높아
골이 깊은 곳에 사는 나는
늘 태양을 그리워하며 살았다.
처음 뜨는 해를 만나려고
동트는 길 따라 동산으로 간다
늘 보는 태양이
오늘은 너무 크다
너무 밝다

작은 별

지구의 한 마을에 해가 진다

우주 왕복선 인데버호를 타고
무변광대 우주에서
무중력의 유영을 하고 돌아온
윈스턴스콧은 말했다

'우주에서 보면 지구는 한없이 작아
인간은 겸손해야 해'

아름다운 노을이
실존하는 모든 것을 확인한다
해가 지면
다시 뜬다고 믿는
참람한 자만심으로 오늘 밤을 맞는다

창밖으로 나가서

사람들은 왜 풍경을
네모난 틀에 가두어 걸어 놓고 바라보는가
저마다 목숨의 길이를 재며
큰 우주에다 비할 수 있는
탄식을 가두려 하는 것일까
마을 뒷동산에 올라가
조용히 바라보면
저 끝을 알 수 없는 하늘가에서
날아오는 가랑잎 하나 만난다
내가 느꼈던 창밖으로 나가
바람의 방향을 가늠해 본다

처서 무렵

정연히 대공을 따라
꽃을 피운다
그 가장자리 물달개비 방동사니와 함께
엎드려 신문을 본다
아무리 수매를 받아주지 않아도
저렇게 풍성하게
바람 가뭄 이겨내고
일제히 피어나네
하늘은 왜 청색으로 푸르고
나락은 왜 녹색으로 푸른지
참깨는 푸른 섬을 터뜨려
하얀 참깨를 쏟는지
조금씩 알아가는 해거름

출판 기념회

감이 붉게 붉게 익다가
속살까지 푹 익는다
허공으로 나가는 길고 먼 여행은
마침내 땅 끝에 닿아 종언을 고한다

푸르고 푸른 하늘
흰 구름 한 줄기
차가운 공중에 길을 닦아
맑고 맑은 하늘에 도달한다

그 아래 몇 사람이 모여
케이크를 자른다

지중해를 히말라야를
산호초 아름다운 바닷속을
휘젓고 돌아온 소금쟁이
그와 함께한 딱 두 시간의
회동
이토록 깊은 가을에

특별한 일상

이른 아침 잠깨어
숨 쉴 수 있는 것과
밥 먹고 물 마시는 것이
뉴스다
길 가다가 나뭇가지 꺾는 것도
허물이 되거늘
아 장마 뒤의
눈이 시리게 푸른 하늘
이 특종 뉴스를
혼자 누리랴

폐업

짙은 코발트색 현관을
삐걱거리며 드나드는 바람
연락처 전화번호 쪽지가
숨바꼭질한다

눈 오는 지방도로
상서로운 눈발에 날려
떨어진 구름 한 조각

이제야 슬픔을 깨달았다
발효를 모르고
문틈으로 고개를 내밀어
마파람에 떨고 있다

하늘 추억

어느 화가를 만났다
그의 그림은 팔 할이 하늘이다
아름다운 꽃도 이 할을 넘지 못한다
집이 몇 채 있는 뒤편
높은 산 원추리꽃 군락 너머
구름이 한없이 흘러가고 있는
별밭인지 꽃밭인지 넓고 넓은 허공
강물이 가는 곳도
자작나무 숲이 저들끼리 비비며 사는 곳도
늘 하늘의 아래편
그 사이로 새들이 날아다니고
노래하며 사는 곳
푸르게 비어 있거나
한구석에 쓸쓸히 사람이 서 있거나
무리를 놓친 양 한 마리가 있거나
하늘로 가득찬 원래 텅 빈 곳
그의 가슴속이 하늘로 가득차 있는 줄
나는 금방 알았다

4

비 오는 날 만락재에서

끊으려 해도 끊어지지 않는 절 斷俗寺 그 터

1

1487년 9월 27일 南孝溫은 남사마을을 나서서, 寺村 동구 졸졸 시냇물 가에 우뚝 선 龍頭, 〈廣濟嵓門〉 앞에 섰다. 2년 뒤 1489년 4월 14일 金馹孫 鄭汝昌 林貞淑 등은 지리산 유람길에 나선다.

이들은 〈광제암문〉을 "최고운의 글씨라 전한다."고 했다. 다시 1530년 〈신증동국여지승람〉 제30권 진주목 佛宇條에도 "최치원이 썼다"고 단정한다. 息山 李萬敷는 1714년 이후 지리산 가야산 청량산 금강산 속리산 등 명산을 두루 유람하고 쓴 〈地行錄〉의 〈智異故事〉에서 "진양의 서쪽 지리산 동쪽에 광제암문 석각이 있다. 이것은 최고운의 필적이다"라고 했고, 默軒 李萬運은 1783년 11월 17일 진주 촉석루와 덕산동 유람에 나섰다. 그는 〈德山同遊記〉에서 "세상에 전하기를 최치원이 직접 쓴 것이라 했다"라고 했다.

1919년 조선총독부가 편찬한 〈朝鮮金石總覽〉에 실린 작은 글씨는 아무도 읽지 않았던가? "統和13年 乙未 書者 釋惠□ 刻者 釋曉禪". 995년, 아마도 단속사 스님들이었겠지. 광제암문. 廣濟蒼生. 누가 썼던들 기록이 있건 없건, 이 석문을 드나들던 大德, 碩學들, 寺下村에 모여 살던 寺奴들, 萬鍾의 지휘로 백성을 수탈하던 無賴輩들, 善男善女

들, 그들은 어디로 가 무엇이 되었을까? 龍頭石壁은 허리 굽어 서 있고, 멀리 玉女峰이 보인다. 천년을 지난 썩은 신발은, 정자나무가 되고 소나무가 되어 죽고 살고, 살고 죽는다. 세상을 敎化하려는 儒者들, 蒼生을 구제하려는 佛子들. 그 문에 들어서면 德이 있어서 〈入德門〉이 되고, 그 문을 들어가 광제창생 한다고 〈광제암문〉이 된다.

무주구천동 〈棲碧亭〉에 살던 宋淵齋는 1879년 8월 1일 천왕봉으로부터 德山으로 와 南冥의 묘에 참배하고 山天齋의 우뚝한 장송을 보았지. 곧장 광제암문에 이르러 〈雙磎石門〉보다 뛰어난 글씨라고 하였으니 아마도 최치원의 글씨로 본 것이다. 그리고는 그 옆에 조그맣게 宋秉璿이라 자기 이름을 새겼다. 그는 1905년 12월 30일 국권강탈에 통분하여 자결한 志士였다.

2

雲里 塔洞 마을, 풍우에 희게 바랜 石塔 두 기가 서 있다.
幢竿支柱는 솔밭 가에 서 있고, 그 앞에 무덤이 있네.
그 위로 비가 오고 눈이 오고 바람이 오가네.

三國遺事에는 14首의 鄕歌가 있고, 그 가운데 〈怨歌〉라는 노래가 있다.

대저 잣나무는,
가을에 시들어 안 떨어지므로
너 어찌 잊으랴 이르신

우러러 보던 얼굴을 고치신 겨울이어.
달그림자 내린 못에
이는 물결이 사라지듯,
얼굴만을 바라나
누리도 애처로운 지고.

孝成王이 潛邸에 있을 때 信忠과 더불어
잣나무 아래서 바둑을 두었다.
“내가 너를 잊을 리 있나, 저 잣나무가 변치 않듯”
왕위에 올라서는 그를 잊었다.

신충이 이 노래를 지어 잣나무에 걸자 홀연히 시들었다. 왕이 불러 벼슬을 주었더니 잣나무가 살아났다. 그는 벼슬을 버리고 두 친구와 왕을 하직하였다. 槽淵小寺를 고쳐 단속사라 하였다 763년이다. 그러나 748년 단속사는 李純이 창건하였다.

永泰2년 병오 7월 2일 法勝 法緣 두 승려가 豆溫 愛郞의 왕생극락을 비는 毘盧遮那佛을 石南巖藪觀音巖에 세웠다. 766년이다. 단속사 창건 시기, 더 깊은 지리산에서 불사가 일어나고 있었다.

768년 이순이 죽었다. 뒤를 따라 779년 神行禪師도 入寂했다. 선사가 입적한 36년 뒤, 813년 9월 9일 비를 세웠다. 兵部令 金獻貞이 짓고 靈業스님이 썼으니, 선사는

禪佛敎 第四祖 道信의 문하인 法郞의 제자였다. 법랑이 죽자, 중국으로 건너가 北宗禪을 개창한 神秀의 法孫 志空에게 수학, 宗旨를 듣고 단속사로 왔다.

"가거라 존경스런 제자여, 너 이제 본국으로 돌아가 깨달음의 바다를 펼쳐라."

스승의 당부가 귀에 쟁쟁했다. 아, 고독한 禪行이여! 그때는 이 땅에 南宗禪을 펼친 道義선사가 唐으로 향하기도 전이었다. 遵範 慧隱이 빈 자리를 지켰으나 智證禪師 道憲이 북종선의 아름다운 꽃을 피웠으니, 曦陽山門을 연 곳은 문경 봉암사이다. 그 꽃은 882년 12월 18일 떨어졌다. 최치원은 지증선사의 탑비에서, "아, 별은 하늘로 돌아가고 달은 큰 바다에 떨어졌도다."라고 했다. 신행선사의 탑비는 〈大東金石書〉에 남아 있다.

974년 한림학사 金殷周가 지은 眞定大師碑가 세워졌다. 진정대사비는 〈□□山斷俗〉이라는 비편이 남은 전부이다. 비편은 국립중앙박물관에 있다. 1487년 남효온이 김은주가 지은 鑑玄禪師 通照의 비가 있는데 잡배들에 의해 뽑혀 있었다 했다, 누군의 비인지 알 수 없다. 남효온이 잘못 보았을까? 그리고 세월은 살처럼 흘렀다.

3

大鑑國師 坦然은 神品四賢의 한 사람, 徐居正은 〈筆園雜記〉에서 "우리나라의 필법은 金生이 제일이요, 姚學士 克一과 중 탄연, 靈業이 둘째가 되는데 모두 王羲之를 본받

왔다" 하였다. 이 비는 1172년 평장사 李芝茂가 짓고 보현사 주지 機俊이 행서로 썼다. 비편 하나가 숙명여대에 있다 하나 가서 보지 못했다. 탁본은 국립중앙박물관과 문경 金龍寺에 있다. 三重大師 大鑑은 1147년 왕의 만류를 떨치고 9월 30일 단속사로 왔다. 의종은 자주 王人을 보내어 지극한 예를 다했다. 1158년 6월 15일 "내가 돌아갈 곳을 안다." 하고 입적했다. 대감국사가 주석한 후 단속사는 다시 떠올랐다.

함양군수 梅溪 曺偉는 1472년 濡溪 兪好仁과 함께 단속사를 유람하고 칠언율시를 남겼다.

"문밖의 龜趺는 오랜 세월이 흘렀는데,
名僧의 높은 자취는 禪林에 남아 있네…."

비가 없어진 대감국사비의 귀부를 보고 탄식한 것이다

眞覺國師 慧諶은 1201년 사마시에 합격한 사람으로서 1219년 修禪寺에 있으면서 단속사 주지를 겸임하였다. 1234년 6월 26일 홀연히 마곡에게 말하기를 "오늘 내가 몹시 바쁘다" 하고는 미소 지으며 가부좌하고 죽었다. 강진군 월남리의 月出山 기슭에 〈진각국사비〉가 있다.

이규보가 비문을 짓고 金孝仁이 해서로 썼다. 비문은 1478년 편찬의 〈동문선〉과 〈동국이상국집〉에 전한다. 진각국사가 지리산 〈金臺庵〉에서 참선에 들었는데, 눈에 이마가 묻히도록 마른나무처럼 앉아 있었단다. 李德懋의 〈靑莊館全書〉 제69권 〈君子寺〉에 그의 행적이 보인다.

고려 명현 金富軾, 鄭襲明이 유람 와서 벽에 시를 남긴 것을 李陸이 보고 〈지리산유람록〉에 남겼다. 신행의 선법은 李資云 - 慧照國師 - 대감국사로 이어지고, 眞覺國師 慧心은 看話禪의 중심이었다.

아, 晉陽公 崔怡(초명 崔瑀)가 두 아들 萬鍾 萬全(환속하여 崔恒)을 보내어 혜심을 모시게 하였다.

만전은 雙峰寺로 갔다.

瑞蓮房에 낳은 두 아들은 세도로 橫行하였네.

〈高麗史〉〈崔忠獻 條〉에 "…단속사는 절 이름에 어울리지 않게 속세와 인연을 끊지 못한 절이었다."고 했다.

만종은 오십여 만 석을 대여하여 이식을 취하니 누가 어쩌지 못했다. 그 아비의 권력은 제왕보다 더했으니, 최이가 都監을 세워 大藏經 工役의 반을 당했단다.

不義가 義에 쓰였구나!

최씨의 대장도감에는 南海 分司都監을 두었고, 단속사는 몽고군의 피해가 없었던 지역이라 刊經事業에 관여하지 않았겠는가? 圓悟國師 天英은 1248년 단속사 주지로 부임하였는데, 대장경의 총 관리자가 되었다 하니 더더욱 그렇다. 뒤를 이은 眞明國師 混元이 1256~58 단속사에 상주한 친 무신정권 승려였다. 1367년 4월 단속사의 넘어졌던 소나무가 벌떡 일어났다네.

4

고려는 가고 조선. 선풍은 이어서 불고 세종대왕은 田

150結을 내렸다. 1424년 선종 교종 18寺 중에 단속사가 들었다.

1459년 문과 장원한 이륙은 鷄林 李伯勝 鐵城 李放翁 密城 朴貞父 등과 공부했고, 名儒들의 공부방이 되었다. 1487년 9월 27일 秋江은 槽淵에 목욕하고 白雲洞으로 갔다. 佛嶺을 넘어…. 모두가 불국토였던가? 德川遷 德山寺를 두루 유람했다. 薩川部曲의 우두머리도 머리를 깎고 僧首라 했다니, 도처에 절이고 寺村이었던가.

추강은 광제암문에서 "몇 리를 가면 단속사가 있다." 하였고, 濯纓은 "광제암문에서 5리를 가면 사촌이 나온다."고 하였다. 그 사촌에는 단속사에 의지하여 隷人들이 살았겠지. 1489년 김일손은 寺屋이 피폐해져 중들이 거처하지 않는 집이 수백간이라 하였으나 옛 명성은 잃지 않았다.

南冥이 四溟大師에게 준 시가 있으니 惟政이 젊은 시절이 절에 있었음을 알 수 있다. 1568년 成汝信이 불상과 경판을 불태웠다. 경상감사 林塘 鄭惟吉이 詩賦를 시험하여 열 사람을 선발 이 절에서 공부하게 하였을 때니, 河沔 陳克敬 孫景仁 孫景義 鄭勝伊 鄭承元 朴瑞龜 李鯤變 河伯 등이 그들이다. 오백나한상 파편은 숙명여대 박물관에서 보았고, 민가에도 돌아다닌다 한다. 불교 수난의 한 장면이다.

鄭道傳의 단속사 관련 시 두 편이 있다. 하나는 〈送等菴上人歸斷俗〉이요, 하나는 〈文長老에게 부친 詩〉이다.

"산은 깊어 천만 겹인데
어느 곳에 고승이 머물렀을고…"
"禪心은 소나무 숲의 저 달이요,
단정히 앉음은 부처 앞의 등불이로다…"

容齋 李荇은 1510년 서울을 떠나 남쪽을 유람했다. 단속사 승려 祖敏이 대나무 부채를 주자, 칠언율시를 지었다.

삼생의 뜨거운 번뇌 말끔히 씻고,
그 속에서 놀린 칼날 넓고 넓구나.
은근히 품은 부채 싫지 않으니,
두류산 단속사에서 만들었기 때문.

5

政堂梅의 역사는 단속사의 다른 한 모습이다. 榮枯盛衰가 있고 毁譽褒貶이 있다. 姜淮伯은 1376년 20세에 문과에 급제한 인물인데, 그 전에 매화 한 그루를 심어 지금도 꽃이 핀다. 남효온이 주지 聖空과 탄연선사와 정당매 이야기를 주고 받았다. 손자 姜希顔은 〈養花小錄〉에서 송나라 氾成大의 〈梅譜〉를 인용하여 다양한 매화를 소개 했다.

그의 〈斷俗寺見梅〉는 이러하다.

한 기운이 순환하여 다시 돌아오니,
선달 전에 핀 매화에서 天心을 보겠네.
스스로 큰 솥의 국 맛을 조화하는 열매가,

부질없이 산중에서 떨어지고 또 열리네.

李肯翊은 〈燃藜室記述〉에 이 시를 실었다. 증손자 用休가 다시 심고 〈種梅記〉를 썼다. 그 후손 姜沆은 일본에 붙들려가 정당매를 그리워하였다지. 그 자손들과 단속사 스님네가 아니었으면 이 매화가 명매가 되었을까?

6

단속사는 사라지고 쌍탑과 당간지주만 남아 있다. 마을에는 석재와 와당들이 뒹굴고 있다. 1593 癸巳년 6월 29일 진주성이 함락되고, "7월 5일 덕산을 분탕질 했다" 鄭慶雲의 〈孤臺日錄〉은 썼다. 이 때에 불탔을까? 김일손은 단속사의 지세가 "동구를 벗어나 둘러보니 물은 안아주고 산은 감싸주고 집은 깊숙하고 지세는 막히어 참으로 은자가 살만한 곳이다" 하였다.

세월은 흐르는 것.
산하는 남는가?
청룡은 굳세고 백호는 우뚝하다.
옥녀봉 아래 쌍탑, 그 앞에 서서 멀리 광제암문 바라보라.
옥녀는 베틀에 앉아 베를 짜고 있지 않는가?

사족들이 공부하던 곳.
南冥學派의 講會場所.
處士 남명이 남긴 〈斷俗寺政堂梅〉 시를 쓴 때는 언제일까?

조물주가 寒梅의 일 그르쳤나니
어제도 꽃피고 오늘도 꽃피네

1565년은 德溪 吳健등과 敬義를 강론했고, 1566년은 龜巖 李楨등과 강학 했던 즈음일 것이라고 朴勇國은 추론한다. 사명대사에게 써준 시에 "서로 단속사에서 만난 것을 잊지 말자" 하였으니, 승병장과 남명학파와의 연관성이 있지 않겠는가? 1714년 이만부가 쓴 지행록은 "지리산으로 들어가는 길이 모두 세 갈래가 있는데, 그 중에서 동쪽으로 들어갈 때는 단속사를 경유해야 한다."

"단속사는 지금 폐해졌다."고 했다.

단속사는 지리산 등산의 베이스캠프였다. 이만운은 1783년 11월 27일 덕산동을 유람한 후, 〈文山齋同遊記〉에 "백운동에서 5리쯤 가서 단속사에 도착했다."고 했으니, 단속사가 있었단 말인지? 그 터를 말하는지? 아무래도 단속사는 1710년 이전에 폐사되었다 보는 것이 정설이다.

7

아, 단속사 자리는 단성면 운리 탑동, 광제암문에서 미투리 갈아 신고 절구경하고 돌아오니 그 신이 썩었더라. 단속사 공양 쌀 씻는 뜨물이 십 리를 지나 남사천까지 뿌옇더라. 찾아오는 손님이 너무 많아 단속사라 고쳤더니 절이 망했다. 전설만 무성하다.

그리고 절터는 마을이 되었다. 그러나 아무리 세속을 끊으려 해도 끊어지지 않는 4만평 절터로다! 신라가 伽倻諸國을 병합한 후 불교가 언제 산청에 들어왔는지? 지리산 동쪽에 法界寺, 大源寺, 德山寺(內院寺), 三壯寺(三臧寺), 智谷寺, 王山寺, 栗谷寺, 靜趣庵, 泛鶴寺(범허사), 그리고 石南巖藪毘盧遮那佛, 道田里 磨崖佛. 찬란한 불교 문화의 꽃은 시들고 사라졌는가? 政堂梅, 元正梅, 南冥梅 3매는 봄마다 꽃피어, 뜻있는 사람의 애를 태우는데, 柳方善은 "나도 여기에 집짓고 숨어서 妖草 캐며 여생을 마치고 싶네." 하였지.

정당매, 野梅는 해마다 피고,
봄 오면 탑돌 아래 제비꽃 피겠지.
아, 단속사.
법등은 꺼졌다.

저자 주: 이 글은 박용국의 저서 〈단속사 그 끊지 못한 천 년의 이야기〉를 읽고 서사시 조로 압축하고 보태어 지은 글이다.

만락재를 짓고서〈晩樂齋成〉

仰慕山天揖栢筠
慇懃祖訓在如新
漠漠黃塵柴戶閉
煌煌白日自閑伸
聞來萬慮淸風掃
茅屋林下和月親
愚蒙頑軀庸懦貌
僅善誠身晩樂眞

산과 하늘(산천재)을 우러러 사모하고 잣나무 대나무(나의 집)에 읍하니,
은근한 조상의 가르침 계시는 듯 새롭구나.
막막한 누런 티끌에 사립문 닫아걸고,
빛나는 백일 에 스스로 한가로움 펼치네.
들려오는 만 가지 근심 청풍으로 쓸고,
띄집 시골에서 밝은 달과 친하리.
어리석고 우둔한 몸 용렬하고 나약한 모습,
겨우 몸을 정성스럽게 해서 늦게야 참 즐거움 좋아하네.

비 오는 날 만락재에서〈晩樂齋雨日有感〉

강수량이 너무 적어 내년을 대비하기가 걱정이다 싶었는데, 하늘의 마음씀이 참으로 공평하다. 오늘은 다소 많은 비가 내린다는 예보다.

가만히 생각하니, 나 같은 사람은 수많은 사람 가운데 그 맨 아래 등급에 갖다 놓아도, 있어도 그만 없어도 그만인 별로 쓸모없는 사람이다. 혹 작은 사업을 하여 성공 하였을 지라도 그것을 대를 이어 전하거나 인류에게 기여하기는 바랄 수 없다.

양시(楊時 龜山 1053~1135)가 말하기를 "자기를 위한 학문이라는 것은 바로 기갈(飢渴)이 들었을 때 음식을 대하는 것과 같으니, 겉으로 기뻐함이 있기 위해서가 아니고, 마시고 먹지 않으면 반드시 죽음에 이른다고 생각하기 때문이다. 사람이 되어서 학문을 하지 않으면 그 본심을 잃을 것이니 그 병이 배고프고 목마른 것과 다를 것이 없다."(남명집 학기류편學記類編 하下 치지致知편)

아, 이제 돌아보고 생각하니 공부하기를 배고플 때 밥을 찾듯 했더라면 늙바탕에 한탄하고 있을 리가 없다. 내 나이 이제 77, 철이 조금 들려고 하지만 이미 해는 서산에 걸려 있다. 그러나 철이 든다는 것은 얼마나 즐거운 것인가? 여름이 한창일 때 가을을 알게 되면 농사의 때를 맞출 수 있듯, 어느 정도 죽을 날은 초조해 하지 않고 기다릴 수 있지 않겠는가?

조그만 집을 지어 조상의 제사를 모시고 내가 재계하고 성찰할 장소로 삼고자 마음먹은 것은 오래였다. 드디어 그 꿈을 이루어 조그만 모옥 하나를 마련하였다. 이름을 무어라 할 것인가?

재의 이름을 하언재(何言齋)로 생각해 보았다. 원래부터 사물은 분명하고 명백한 이치가 있다. 그런데도 사람이 제 사욕에 얽매여 그 시비곡직을 잘 가리지 못한다. 주장만 무성할 뿐이다.

범조우(范祖禹1041~1098)는 이렇게 말했다.

"천하의 이치가 올바르면서 이기는 경우는 항상 적고, 부정하면서 이기는 경우는 많다. 말 잘하는 사람이, 옳은 것을 그르다 하고 그른 것을 옳다하며, 훌륭한 사람을 못났다 하고 못난 사람을 훌륭하다고 한다, 만약 임금이 그를 좋아하고 믿는다면, 국가가 전복되는 것은 어렵지 않을 것이다."라고.

공자가 말하기를 "나는 말하지 않으려 한다.(予欲無言)" 하였다. 왜 그랬을까? 주자(朱熹 1130~1200)의 말을 들어보자.

"배우는 사람들이 대부분 성인이 하신 말씀으로 성인을 관찰하고, 천리가 유행하는 실제가 말씀을 기다리지 않아도 드러나는 것을 살피지 못하였다. 그러므로 한갓 그 말씀을 알고 말씀하신 이유를 알지 못하였다. 이 때문에 공자께서는 "나는 말을 하지 않으려 한다."라고 깨우쳐 주신 것이다." 이에 자공(子貢 본명 端木賜 520?~456? 자공은 그의 字)이 다시, "선생께서 만일 말씀하지 않으시면 어떻게 도를 전하겠습니까?(子如不言則小子何述焉)"라고 물었다. 이에 공자가 말했다.

"하늘이 무슨 말씀을 하시는가? 그런데도 사시가 운행되고 만물이 생장하지 않던가? 하늘이 무슨 말씀을 하시는가?(天何言哉 四時行焉 百物生焉 天何言哉)"

나는 논어 양화(陽化)편에 있는 이 말에 감동했다. 나 같은 어리석은 자는 읽어서 그 대의를 짐작하고 물어서 짐작해 조금 앎을 얻었지, 스스로 터득하는 지혜를 갖지 못했다. 그래서 내 집의 이름을 <하언재 何言齋>라 하려고 마음먹었다. 그러나 내 어찌 자연과 효제충신(孝悌忠信)의 이치와 실제를 깨달아 알아서 사람이 되겠는가? 세상의 온갖 훼예포폄(毁譽褒貶) 속에 들어가 내 자신을 일으켜 세우지 못하니 나에게 맞지 않는 이름이다.

고심하다가 돈수재(遯修齋)는 어떤가 생각해보았으나, 내가 무슨 은둔하여 장수(藏守)할 것이 있겠는가? 돈(遯)은 주역의 33번째 괘이다. 운기가 쇠하여 시류에 맞지 않을 때는 재빨리 물러난다는 뜻이라는데, 내가 무슨 숨을 때와 나갈 때를 알겠는가? 물러나 숨는다는 것도 우스운 이야기다. 이 또한 과장이 된다.

마침내 결정한 것이 <만락재晩樂齋>이다.

이른바 맹자는 "일이 안 풀리면 자신을 되돌아보면서 수행한다(窮則獨善其身 達則兼善天下)."라 하고 또 "부모가 모두 생존해 계시고 형제가 무고한 것이 첫 번째 즐거움(父母俱

存 兄弟無故 一樂也)"이라 하였다. 내 불효하여 부모 조부모를 잘 모시지 못했다. 자매간도 유고하였으니 하늘 우러러 부끄러운 것뿐이다. 그러나 어찌 회한으로만 있겠는가? 나를 착하게 수양하고 죽는 날까지 공부하여 내 모자라는 인(仁)을 닦는 것으로 즐거움을 삼으려 한다.

천리(天理)를 즐기면 천하를 보전한다는데 내 문호(門戶)도 보전하지 못하면 어찌 사람이라 하겠는가? 힘쓸 뿐이다. 그러므로 만락재라고 재호를 정했다. 신구(新丘)선생의 글씨를 받아 목연(木然)이 정성껏 조각해서 달았다.

바깥은 그쳤다 내리다를 반복하며 비가 온다. 또 숙제가 하나 있다. 주련을 달아야 할 텐데 어떻게 무엇을 쓸 것인가? 송암(松庵) 외우(畏友)가 주련을 지어 보냈다.

檐末團團迓月明
檻前嫋嫋引風淸
三綱正植千年範
五道傳承萬世榮

처마 끝에는 둥글고 둥근 밝은 달 맞이하고,
다락 앞에는 살랑살랑 맑은 바람 끌어들이네.
삼강을 바로 세워 천년의 모범 되고,
오륜을 전승함이 만세의 영광이라.

居敬慈和 澄心靜慮

源遠流長 深根茂葉
積藏成德 空慾見眞
手勤必富 其得無量

살아감을 공경과 자애와 화기로 하고,
마음을 깨끗이 하고 조용히 생각하라.
근원이 멀면 흐름이 길고 뿌리가 깊으면 잎이 무성하다.
착함을 쌓아야 덕을 이루고 욕심을 버려야 참됨을 본다.
손은 부지런해야 부자가 되니 그 얻음은 한량없으리.

이렇게 뜻이 깊고 아름다운 글을 지어 주었다. 근원이 멀면 흐름이 길다고 하였다. 모두 성신에 도움이 되는 글이다.

다시 욕심이 일어나 비선조 남명선생이 남긴 글에서 찾아보면 어떻겠는가 하는데 생각이 미쳤다. 그러나 좋은 말씀은 많으나 감히 걸기가 어렵다. 남명선생이 안증(安增 1494~1553)의 완귀정에서 쓴 시 '완귀정에 쓰다(제완귀정題玩龜亭)'라는 시가 있다. 거북이 장육두문藏六杜門(거북은 네발과 머리 꼬리 여섯 부분을 숨겨 보신할 줄을 안다)하는 명철보신의 모습을 보며 수양하는 선비의 행신을 그린 시다. 이 시에 수많은 명사들이 차운해서 시를 지었다.

그 중 이산해(李山海 1539~1609)정승이 지은 시가 남명집에 실려 있다.

人間爭誦鳳凰吟

一字從知重萬金
欲擧藍輿那易得
雙溪迢遞碧雲深

인간 세상에서 다투어 봉황음을 읊조리니,
그로 인하여 한 글자가 만금 가치 있음을 알겠구나.
가마를 들고자 하나 어찌 쉽게 되겠는가?
쌍계가 아득하고 푸른 구름 깊구나.

봉황음은 남명의 시를 말한 것이고, 가마를 든다는 말은 가마를 타고 남명을 찾아 간다는 뜻. 쌍계는 남명이 살고 있는 지리산에 대한 범칭이다. 이 시를 주련으로 걸고자 하였으나 나의 깜냥으로 과하다 싶고, <복괘를 두고 읊다(지뢰음地雷吟)>, <이원길(李浚慶1499~1572)이 책력을 보내온 것에 감사하여. (사이원길송력謝李原吉送曆)> 등 여러 시를 생각해 보았다. <강가 정자에서 우연히 읊다. (강정우음江亭偶吟)>가 마음에 와 닿는다.

臥疾高齋晝夢煩
幾重雲樹隔桃源
新水淨於靑玉面
爲憎飛燕蹴生痕

병으로 높다란 집에 누웠으니 낮 꿈 번거로운데,
도화원을 막는 구름 속의 나무 몇 겹인가?

새로 흘러온 물 푸른 옥보다 더 깨끗한데,
제비가 차서 생긴 물결 흔적 밉기도 해라.

이 시는 갈암 이현일(葛庵 李玄逸 1627~1704)이 그의 수〈주관규록愁州管窺錄〉에서 '천연자득天然自得의 정취가 있다'라고 평을 하기도 하였다. 홀로 높이 누워 번거로운 생각 있지만 도화원 가는 길은 겹겹의 장애물이 있다. 조용한 수면을 제비가 차고 날아가며 파문을 일으킨다. 정적인 사유의 세계에서 제비의 물결 차는 모습을 통해 현실세계로 돌아온다는 뜻일 것이다.

소강절(邵康節 이름은 옹雍, 강절은 시호 1011~1077)이 '월도천심처月到天心處, 풍래수면시風來水面時'라 했을 때, '달은 하늘 한 가운데 있고, 바람은 수면 위로 분다.'는 정취와 흡사하니, 사색하고 수양하는 법을 가르쳐 주는 좋은 시이지만 내 이런 고상한 지취를 알아서 누리겠는가? 강정우음은 참으로 욕심나는 시이다.

이 시로 마음을 먹었는데, 최석기(경상대)교수의 <덕산구곡德山九曲>과 <정우락(경북대)교수의 <덕천서원과 그 주변의 문화적 상상력>을 읽다가, '입덕문이 바로 성의관이다.'라는 덕계 선생의 시를 보고 그중 일부에 내 생각이 꽂혔다. 덕산 전체가 신명사도이고 입덕문이 구관이 되고 태일진군이 좌정한 곳은 산천재나 덕천서원 쯤이라는 것이다. 그렇다면 만락재도 나의 신명사도가 되고 신명사가 되어야 한다. 그것이 나의 수신해야 할 목표가 아닌가? 누리고 안식하고 즐기고 하기에는 부족한 사람이니 공부하고 수양하고 재계하는 말씀이 내게 맞다. 마침내 덕계 오건(德溪吳健 1521~1574)의 송인귀안택送人歸安宅시를 주련시로 정하기로 했다.

遑遑四達竹牖開
入德門戶誠意關
天光雲影浩無窮
霽月光風自閑閑

사방 대나무 창 열렸으니,
덕에 들어가는 문은 바로 성의관이라네.
천광운영은 넓고 넓어 끝이 없고,
제월광풍의 마음 저절로 한가롭네.

이 시는 호연히 사람으로 하여금 흥기하는 바가 있지 아니한가?

이 집은 밀폐된 공간이 아니고 열려 있다. 그 덕으로 들어가는 문은 성실하고 참된 뜻이 아니면 안 된다. 천광운영, 대자연과 천리는 크고도 아득하다. 비가 온 뒤의 개인 달과 맑은 바람은 스스로 한가하다. 천광운영은 주자의 관서유감(觀書有感)이라는 시에 나오는 말이다.

제월광풍은 황정견(黃庭堅 1045~1105)이 주돈이(周敦頤 1017~1073)를 평하여 "그 사람은 인품이 고상하고, 품은 뜻이 시원하니, 마치 맑은 날의 달이요 비갠 날의 바람 같다."라고 한데서 연유한 것이다.

이 시 안에 천리와 그 작용, 사람이 닦아서 이루어 나가야 할 가르침이 다 들어 있다. 이 시를 나도 보고 자손들도 보아 아름답고 성실한 가통을 만들어 나가기를 소원한다. 내 물려 줄 것은 아무것도 없지만 이 재실과 주련으로서 나와 내 자손의 경계(警戒)를 삼으면 얼마나 좋은 일이겠는가?

이 글을 다 쓰고 나니 검은 비구름 헤치고 푸른 하늘, 천광운영이 드러난다. 사람이 올바르게 산다는 것은 예를 지키는 것이다. 예는 무엇인가? 질서를 말한다. 질서는 무엇인가? 우리가 자동차를 운전 운행할 때 중앙선을 침범하지 않아야 되는 것과 같다. 사사로운 욕심. 사욕을 조금씩 줄여 나가면 천리에 천도에 가까워진다.

사람은 경제활동, 문화활동 온갖 일을 하면서 사회생활을 한다. 결국은 학문도 일용생활을 올바르게 하느냐 못하느냐 하는 것에 달려 있다.

비가 그치면 백일이 머리 위에 빛날 것이다. 그 백일 아래서 숨 쉬고 먹고 살다가 죽을 것이다. 개관사정(蓋棺事定)이라고 했다. 사람은 널 뚜껑을 덮고 나서 평가가 정해진다는 뜻이다. 오직 스스로 면려(勉勵)할 뿐이다.

조종명 시집
천년의 자유

2020년 7월 15일 초판 인쇄
2020년 7월 20일 초판 발행

지은이 / 조종명
발행인 / 강병욱

발행처 / 도서출판 교음사

03147 서울 종로구 삼일대로 457 수운회관 1308호
Tel (02) 737-7081, 739-7879(Fax)
e-mail / gyoeum@daum.net
등록 / 제 2007-000052호

* 잘못된 책은 바꾸어 드립니다. 값 10,000 원

ISBN 978-89-7814-780-4 03810

이 도서의 국립중앙도서관 출판예정도서목록(CIP)은 서지정보유통지원시스템 홈페이지(http://seoji.nl.go.kr)와 국가자료공동목록시스템(http://www.nl.go.kr/kolisnet)에서 이용하실 수 있습니다. (CIP제어번호 : CIP2020029706)

- 이 도서는 한국예술인복지재단의 창작준비금을 지원받아 제작되었습니다.